BEI GRIN MACHT SICH IHR WISSEN BEZAHLT

- Wir veröffentlichen Ihre Hausarbeit,
  Bachelor- und Masterarbeit

- Ihr eigenes eBook und Buch -
  weltweit in allen wichtigen Shops

- Verdienen Sie an jedem Verkauf

Jetzt bei www.GRIN.com hochladen und kostenlos publizieren

Bibliografische Information der Deutschen Nationalbibliothek:

Die Deutsche Bibliothek verzeichnet diese Publikation in der Deutschen National-
bibliografie; detaillierte bibliografische Daten sind im Internet über http://dnb.d-
nb.de/ abrufbar.

Impressum:

Copyright © 2018 GRIN Verlag
Druck und Bindung: Books on Demand GmbH, Norderstedt Germany
ISBN: 9783668751071

Dieses Buch bei GRIN:

https://www.grin.com/document/433110

Tim Afanasyev

Möglichkeiten und Gefahren in einem Smart-Home. Internet der Dinge

GRIN Verlag

GRIN - Your knowledge has value

Der GRIN Verlag publiziert seit 1998 wissenschaftliche Arbeiten von Studenten, Hochschullehrern und anderen Akademikern als eBook und gedrucktes Buch. Die Verlagswebsite www.grin.com ist die ideale Plattform zur Veröffentlichung von Hausarbeiten, Abschlussarbeiten, wissenschaftlichen Aufsätzen, Dissertationen und Fachbüchern.

Besuchen Sie uns im Internet:

http://www.grin.com/

http://www.facebook.com/grincom

http://www.twitter.com/grin_com

Seminararbeit

Abitur 2017/18

Rahmenthema:	Internet der Dinge
Verfasser:	Tim Afanasyev
Thema:	Möglichkeiten und Gefahren in einem Smart-Home
Abgabetermin:	15.01.2018

Inhaltsverzeichnis

Deckblatt + Eidesstattliche Erklärung

1.0 Überblick

Aufgrund des modernen Aufschwungs der heutigen Zeit, sind viele Bürger bequemer geworden. Sie nutzen eine Vielfalt von Entertainment Produkten und versuchen sich das Leben so entspannt wie möglich zu gestalten. Außerdem ist durch die heutige wirtschaftliche Lage „Effizienz" ein wichtiger Oberbegriff für alle Bürger Deutschlands geworden. Die Kosten für Heizöl, Strom & Gas sind nicht für jedermann bezahlbar, so versuchen einige diese und viele weitere positive Aspekte wie zum Beispiel: Sicherheit und Komfort unter ein Dach zu bringen. Das sogenannte Smart Home.

Aber was bedeutet eigentlich der vielbenutzte Begriff „Smart Home"? Smart Home dient als Oberbegriff für technische Verfahren und Systeme in Wohnräumen und -häusern, in deren Mittelpunkt eine Erhöhung von Wohn- und Lebensqualität, Sicherheit und effizienter Energienutzung auf Basis vernetzter und fernsteuerbarer Geräte und Installationen sowie automatisierbarer Abläufe steht.

Beispiele dafür sind Heizung, Beleuchtung, Haushaltsgeräte und Unterhaltungselektronik. Smarte Geräte sind oft mit dem Internet verbunden und untereinander vernetzt. Sie können immer häufiger aus der Ferne mit dem Smartphone oder Tablet Computer gesteuert werden und reagieren auf Sensoren oder Daten aus dem Internet oder Daten von anderen Geräten. [1]

Somit spricht man von privat genutztem Wohnraum, in dem die zahlreichen steuerbaren Geräte der Hausautomation, Haushaltstechnik, Konsumelektronik und Kommunikationseinrichtungen zu intelligenten, miteinander vernetzten Gegenständen werden, die sich an den Bedürfnissen der Bewohner orientieren, deren Bedürfnis nach persönlichem Wohnkomfort, erhöhter Sicherheit sowie Optimierung des Energiebedarfs befriedigen und damit über den Mehrwert der Einzelgeräte als Insellösungen hinausgehen.

---

[1] Green Guide – Smart Home 2015

Durch die Vernetzung vieler Geräte, Aktoren und Sensoren entsteht im Haus ein lernfähiges System, das sich an den Bedürfnissen der Bewohner orientiert.[2]

Jedoch wären die zunächst scheinbaren Vorteile ohne das Internet der Dinge nicht möglich gewesen.

1.1 Definition Internet der Dinge

Objekte, die über das Internet eigenständig Informationen austauschen, Aktionen auslösen und sich wechselseitig steuern, werden durch Programmierbarkeit, Speichervermögen, Sensoren und Kommunikationsfähigkeiten intelligent. Diese sollen die mithilfe eines Micro-Chips die virtuelle Welt mit der realen Welt vereinen.[3]

Das Internet der Dinge, ist demnach nichts anderes als die Verknüpfung von physischen Objekten mit der virtuellen Welt des Internets, diese bilden ein Netzwerk aus miteinander automatisch interagierenden Computern, Maschinen und Sensoren.

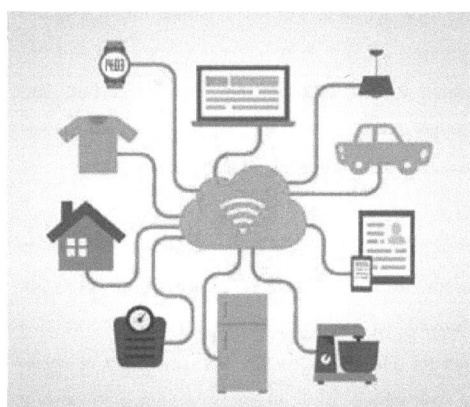

Abb. 1

Mit dem Internet der Dinge wurde eine neue Form der Mensch-Maschine Kommunikation erschaffen.

---

[2] Green Guide – Smart Home 2015

[3] H.-J. Weimann: Internet der Dinge

Der Eingriff durch denkende Maschinen in die intelligente Mikrochipwelt ist auf dem Vormarsch und tatsächlich immer weniger Wissenden vorbehalten. „Bis 2022 werden Schätzungen nach rund 14 Milliarden Geräte wie Sensoren, Sicherheitskameras, Fahrzeuge und Produktionsmaschinen miteinander vernetzt sein. [4]

Die Vision des Internet der Dinge stammt von Kevin Ashton und geht auf das Jahr 1999 zurück. An dieser Idee wurde bereits über Jahrzehnten gearbeitet und es lassen sich vielversprechende Erfolge aufzeigen – so zum Beispiel in der Gebäudeautomation und den Heimnetzen. [5]

2 Smart Home

Der Begriff "Smart Home" zielt auf das informations- und sensortechnisch aufgerüstete, in sich selbst und nach außen hin vernetzte Zuhause. Auf Grundlage von Internet der Dinge strebt das Konzept Beispielweise eine Erhöhung der Lebens- und Wohnqualität an. [6]

Der Ursprung des heutigen Smart Home ist auf die 1970er Jahre zurückzuführen. Zu dieser Zeit entstanden die ersten Prototypen von Smart Home Anwendungen, die in Form von Gebäudeleitsystemen für Überwachungsaufgaben zumeist in Zweckbauten umgesetzt wurden. [7]

Rund ein Jahrzehnt später gab es eine vertiefte Forschung von Bau-, Telekommunikations- und Chipherstellerunternehmen in Europa, den USA und Japan. Um eine breitere Zielgruppe anzusprechen reagierten die Unternehmen mit Kooperationen und der Festlegung von Standards und Normen. Zusätzlich wurden staatliche Richtlinien eingeführt. Durch diese eine konsequente Förderung der Hauptziele Komfort, Sicherheit und Ökonomie angestrebt wurde. [8]

---

[4] Enterra: Internet der Dinge

[5] itwissen.info: Internet der Dinge

[6] Springer Gabler Verlag: Smart Home

[7] vgl. KUSBER 2007, S11

[8] vgl. KUSBER 2007, S12f

In der heutigen Zeit, werden verschiedene Geräte innerhalb des Wohnraums miteinander verknüpft. Sie werden dadurch in die Lage versetzt, Informationen untereinander auszutauschen und Befehle zu empfangen. Für die Kommunikation zwischen den einzelnen Geräten eines Smart Home Netzwerks werden die anfallenden Daten per Funk oder Datenleitung übertragen und dafür in kleinere Datenpakete zerlegt. Damit ein Paket den richtigen Empfänger erreicht und dort wieder alle Pakete eines Signals zusammengefügt werden können, wird die Struktur dieser Datenpakete in einem Kommunikationsprotokoll festgelegt. Ein Kommunikationsprotokoll enthält somit Angaben zu Absender und Empfänger eines Signals sowie die Inhalte, die in einer über das Protokoll definierten Anordnung aufgebaut sind. [9]

2.1 Sicherheitsaspekte in „Smart Home" Systemen

Immer häufiger hört man, dass intelligente Häuser mehr Schutz und Sicherheit bieten. So sollen diese dank intelligenter Technik ungewöhnliche Aktivitäten wie zum Beispiel Einbrüche, Brände oder Wasserschäden erkennen und diese an das Smartphone senden. [10]

Lampen oder Jalousien können beispielsweise über eine App an- und ausgeschalten beziehungsweise hoch- und runtergefahren werden, auch aus dem weit entfernten Urlaubsort. Beleuchtung und Jalousien werden nach Zufallsprinzip aktiviert und erwecken auf diese Weise den Eindruck, als seien die Bewohner zu Hause. Durch die automatisierte Steuerung von Licht und Jalousien sollen die Einbrecher den Anschein haben, dass man zu Hause wäre. [11]

Bewegungsmelder sind ebenfalls fester Bestandteil bei smarter Haussicherheitstechnik. Sobald der Bewegungsmelder dann etwas in der Nähe des Hauses registriert, springen die Geräte an und erwecken den Eindruck eines belebten Hauses.

[9] Green Guide - Smart Home 2015

[10] Verivox: Smart-Home-Sicherheit: Das Zuhause schützen

[11] Verivox: Intelligente Beleuchtung und Jalousien

Sensoren an Fenstern und Türen registrieren, ob diese geschlossen sind –
dringt ein Einbrecher ein, wird eine Nachricht auf Ihr Smartphone gesendet.
Intelligente Haustüren mit modernen und verstärkten Schließanlagen machen
den Einbrechern es schwerer in das Haus einzudringen. [12]
Überwachungskameras mit Bewegungsmeldern zeichnen bei einem Einbruch
den Eindringling auf und sichern so wichtiges Beweismaterial. Sie informie-
ren gleichzeitig die Polizei oder vertreiben die Einbrecher mit einem akusti-
schen Signal, das auch die Nachbarn aufmerksam macht. [13]

Ein weiterer wichtiger Bestandteil einer intelligenten Haussicherheitstechnik
ist der Brandschutz. Alle Rauchmelder in einem Haus oder einer Wohnung
sind miteinander vernetzt und schlagen gleichzeitig Alarm, wenn nur ein Gerät Rauch registriert. Funk-Rauchmelder haben allerdings nur eine begrenzte
Reichweite. [14]

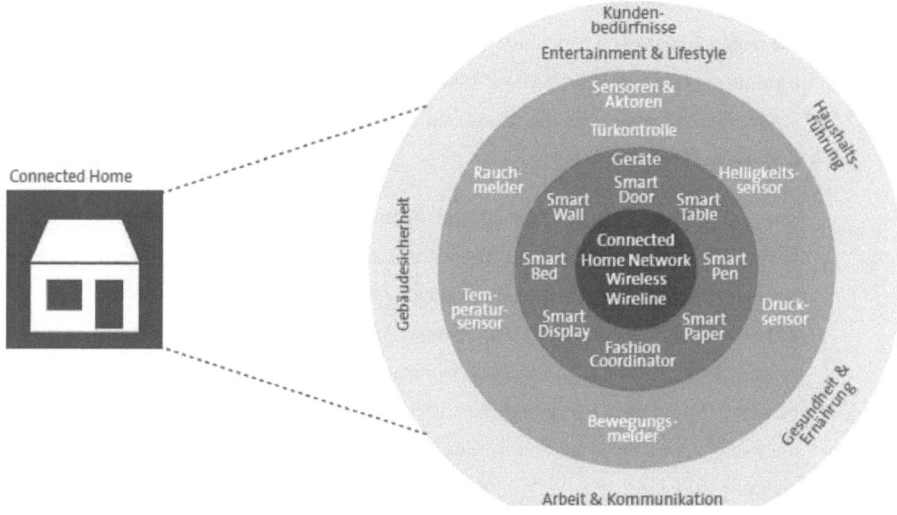

Abb. 2

---

[12] Verivox: Bewegungsmelder und Sensoren

[13] Verivox: Überwachungskameras und Alarmanlagen

[14] Verivox: Intelligenter Brandschutz: Kommunizierende Rauchmelder

2.2 Amazon Echo Alexa

Ein Praxisbeispiel aus einem Smart Home ist das Amazon Echo, an diesem Gerät soll im folgendem die Problematik, die hinter einem solchen intelligenten Gerät steckt verdeutlich werden.

Mit "Echo" hat Amazon ein vernetztes Gerät mit stolzen sieben Mikrofonen auf den deutschen Markt und damit in die Wohnzimmer der Kunden gebracht. Die digitale Assistentin namens "Alexa Voice Service" spricht mit Nutzern und bietet zahlreiche Online-Funktionen, die sich allein durch Zuruf steuern lassen. Laut Werbung ist es Alexa möglich: Musik & Hörbücher abzuspielen; Nachrichten, Straßenverkehrsinfos und das Wetter vorzulesen; Sportergebnisse zu melden; aber auch Intelligente Geräte zu steuern wie zum Beispiel das Licht und die Heizung. Außerdem ist Alexa in der Lage kostenpflichtige Bestellungen per Amazon Prime auszuführen. Das Gerät ist über WLAN mit dem Internet verbunden, soll stetig dazulernen und horcht laut Hersteller selbst bei lauten Geräuschen und Musik problemlos von der anderen Seite des Raumes mit. Sobald das Wort "Alexa" im Raum fällt, zeichnet das Gerät auf und sendet die Aufnahmen an die Cloud, wo diese analysiert werden und Alexas ihre Antwort berechnet. [15]

Die Aufnahmen selbst lassen sich nach Aussage von Amazon löschen. Die Daten landen aber ebenfalls auf Servern in Ländern, in denen geringere Datenschutzstandard als in Deutschland gelten und man dadurch z.B. einem Zugriff von Dritten ausgesetzt werden könnte. Amazon will mit den Aufnahmen einerseits die Fragen an Alexa beantworten, andererseits seine "Dienste verbessern". Verarbeitet und gespeichert werden übrigens auch "sonstige Informationen" (Amazon nennt hier To-do-, Einkaufs- und Musikwiedergabelisten als Beispiele). [16]

Grundsätzlich ist auch ein Missbrauch solcher Geräte durch Dritte nicht hundertprozentig ausgeschlossen.

---

[15] Verbraucherzentrale: Amazon hört zu

[16] Verbraucherzentrale: Amazon hört zu

Hackern zum Beispiel könnte Echo theoretisch als hochsensible Wanze dienen.

Ansonsten sind in der Datenschutzerklärung als "automatische Informationen" unter anderem zusammengefasst: IP-Adresse, E-Mail-Adressen, Passwörter, Informationen über die Hard- und Software und die Reihenfolge, in der man die Seiten des Internet nach Angeboten durchgeschaut.

Damit möchte Amazon seinen Datenpool zusätzlich um Informationen über den Nutzer erweitern. Auch behält sich das Unternehmen vor, Auskünfte über das Zahlungsverhalten vom Nutzer über andere Händler einzuholen, z.B. um bestimmte Zahlungsmöglichkeiten anzubieten. [17]

Somit bietet das Amazon Echo durch Ihre verwerfliche Sicherheit bei persönlichen Daten ein perfektes Spionagegerät für all die, die das Interesse und die Mittel besitzen in ein solches Gerät einzudringen.

2.3 Risikofaktoren

Durch die vielfältigen Einsatzbereiche von Smart Home Komponenten, ist die Bandbreite potentieller Risiken und Bedrohungen dementsprechend groß. Am Beispiel Alexa konnte man bereits feststellen, welche Risiken sich hinter einem solchen intelligenten Gerät verbergen können.

Durch Manipulation können auch andere Komponenten die eigentlich zur Sicherheit beitragen, gefährlich werden. Beispiele hierfür sind Bewegungsmelder, Alarmanlagen oder Überwachungskameras. Die Manipulation dieser, stellt ein enormes Sicherheitsrisiko dar. Im folgendem werden einige Risikofaktoren in Smart Home Systemen näher analysiert und erläutert. [18]

---

[17] Verbraucherzentrale: Amazon hört zu

[18] vgl. Thomas Reuter 4.3 Threats

2.3.1 Angriffe auf die Verfügbarkeit

Um die funktionale Sicherheit zu gewährleisten, müssen intelligente Heimsysteme vor unberechtigter Störung der Komponenten geschützt werden. Dadurch soll die Verfügbarkeit sowie eine wunschgemäße Funktion gewährleistet werden. Eine Beeinträchtigung der Verfügbarkeit, kann zu verschiedenen Problemen für Smart Home Benutzer führen:

Befehle würden verspätet oder gar nicht ausgeführt werden. Die Heizung und andere Geräte welche nicht vom System ausgeschaltet werden können, würden zu erhöhten Energiekosten führen. Die Nichtverfügbarkeit der Heizgeräte im Winter könnte zu Schäden durch Frost und Vereisung führen. Des Weiteren würden nicht ausgelöste Alarme von Rauchmeldern die Gesundheit gefährden. Bewegungsmelder, Einbruchssensoren oder ähnliches würden durch eine unterbrochene Funktionalität den Einbruch eines Eindringlings nicht frühzeitig erkennen. [19]

2.3.2 Unbefugter Zugang durch Dritte

Hacker, Einbrecher aber auch Firmen bzw. Werbeagenturen können das Smart Home ausnutzen um davon zu profitieren. Die geringe Datensicherheit des Smart Home's stellt ein großes Problem dar. Durch unberechtigt erlangten Zugriff Dritter auf Videokameras und das Mitlesen von Daten, die online zwischen einem Endgerät des Verbrauchers und der Steuerungszentrale ausgetauscht werden, können Täter Einblicke in die Privatsphäre der Bewohner nehmen. Neben Erkenntnissen über Ihre Gewohnheiten und Ihr Verhalten könnten Straftäter Ihre An- oder Abwesenheit ausspähen und dies zur Vorbereitung einer Straftat - z. B. eines Einbruchs – nutzen. Einbrecher erhalten gegebenenfalls neue Möglichkeiten, sich Zutritt zu verschaffen.

---

[19] vgl. Thomas Reuter 4.3.1 Attacks on availability

Neben klassischen Einbruchsmethoden, wie dem Aufhebeln von Türen und Fenstern, könnte in unzureichend geschützte elektronische Schließsysteme ebenfalls eingegriffen werden. [20]

2.3.3 Datenausspähung

Durch das Knacken der Verschlüsselung könnten private Informationen wie zum Beispiel Videos von Überwachungskameras im Inneren des Hauses, eingesehen werden. Viele der übermittelten Daten in einem „Smart Home System" können persönlich sein. Der unzureichende Schutz dieser Daten stellt ein hohes Risiko für die Privatsphäre der Bewohner dar. Dies kann im extremen Fall mit der Kombination von abgehörten Daten sowie Sensordaten zur Erstellung von detaillierten User Profilen führen. [21] Dies könnte so weit führen, dass die Identität des Smart Home Nutzers gestohlen und für illegale Zwecke missbraucht werden würde.

2.4 Möglichkeiten

Nun sollen die Vorteile eines Smart Home untersucht und überprüft werden. Neben der Sicherheit ist Energieeffizienz und persönlicher Komfort Wunsch vieler Smart Home Nutzer. Vernetzte Systeme ermöglichen den Bewohnern eine Steigerung des persönlichen Komforts, diverse Gesundheitsdienste sowie eine Reduzierung des heimischen Energieverbrauchs. [22]

2.4.1 Persönlicher Komfort

Die Anzahl elektronischer Geräte in unserem Wohn- und Lebensumfeld wird immer größer. Daher ist das Ziel des Smart Home, die komfortable Steuerung all dieser Geräte von Küchengeräten über das Garagentor bis hin zu Jalousien.

---

[20] lka.polizei.nrw: Sicherheit für Ihre digitale Haustechnik

[21] vgl. Thomas Reuter 4.3.5 Attacks on privacy

[22] Leitfaden zur Heimvernetzung - S. 6

Das intelligent gesteuerte Zuhause denkt – im optimalen Falle – mit und lässt sich bequem und spielerisch zentral wie dezentral, von daheim oder auch von unterwegs steuern, sei es vom Smartphone, Tablet oder Computer aus. Ein Blick auf das Smart Phone verrät, ob Herd und Heizung abgeschaltet, die Fenster geschlossen und der Wasserhahn zugedreht sind. Einfache Datenübertragung von Dokumenten, Musik-, Video- oder Bilddateien zwischen verschiedenen Geräten und Wohnräumen ist ebenfalls Bestandteil des Smart Home. Aber auch die automatische Steuerung der Beleuchtung steigert den persönlichen Komfort in einem intelligenten Zuhause. [23]

2.4.2 Energieeffizienz

Im Anwendungsbereich Energie zielt der Einsatz von Smart Home Technologie nicht in erster Linie darauf, Energieverbraucher zu steuern, sondern auf eine Reduzierung des Energiebedarfs, die Nutzung und intelligente Steuerung zur effektiven Einbindung alternativer Energieformen, wie z.B. der Photovoltaik- Anlage oder auch eines Energiespeichers, sowie eine Steigerung der Energieeffizienz durch eine Kombination diverse Technologien und Einzelkomponenten. So wird Beispielsweise die Wasch- oder Spülmaschine dann eingeschaltet, wenn der Strom am günstigsten ist. Aber auch eine vernetzte Steuerung der Heizung ermöglicht durch eine Abwesenheitsschaltung hohe Einspareffekte. Wenn niemand zuhause ist, wird die Heizung heruntergeregelt und lässt sich entweder über eine entsprechende Programmierung rechtzeitig wieder hochfahren oder aber per Fernsteuerung über Smartphone und Tablet individuell auf die entsprechende Wunschtemperatur regeln, bevor man wieder in die eigenen vier Wände zurückkehrt. [24]

2.4.3 Gesundheit

Neben den allgemein bekannten Vorteilen von Smart Home Systemen gibt es aber auch welche die zur Gesundheit des Nutzers beitragen.

---

[23] Green Guide – Smart Home 2015 S. 13

[24] Green Guide – Smart Home 2015 S. 14

Ein Beispiel hierfür wäre eine Körperanalysewaage, welche die Messung des Körperfettes, Wassergehaltes, Muskelmasse und Gewichtes durchführt und anschließend die gemessenen Daten an die vernetzten Geräte weiterleitet. [25] Dies bietet den Vorteil, bereits zuhause alle benötigten Informationen über den Körper herauszufinden und erspart meistens die lange Wartezeit beim Arzt.

Der sogenannte Health-Monitor erfasst die Vitalparameter (z.B. Gewicht, Puls, Blutdruck) des Nutzers und sendet diese drahtlos zu den Familienangehörigen bzw. zu einem medizinischen Dienst, welcher bei einem Notfall sofort mit dem Betroffenem Kontakt aufnehmen kann. [26] Diese und viele weitere Beispiele unterstützen den Menschen im Bereich Gesundheit.

3 Fazit

Allgemein Gesprochen bietet das Smart Home ein Reichtum an Vorteilen. Wie zum Beispiel Überwachungskameras, steuerbare Heizungsanlagen, die für die automatische Wärmeregulierung im Haus sorgen, intelligente Stromsysteme, die den Energiebedarf senken und viele andere positive Aspekte, die dem Smart Home Besitzer unterstützen sollen. Jedoch führt ungeschützte und ungesicherte Technik zu einem hohen Risiko. Alle Daten die über das Netzwerk im Smart Home versendet werden, können mit Leichtigkeit ausspioniert, gehackt oder an Dritte weitergegeben werden. Somit kann jeder der ein wenig Erfahrung im Bereich Informatik hat, in das Haus eindringen und dem Nutzer enormen Schaden zufügen.

Laut einer Studie wurde in Deutschland Ende 2013 über 315.000 intelligent vernetzte Privathaushalte gezählt. Dies soll sich bis zum Jahr 2020 mehr als verdreifachen und setzt somit eine Million vernetzter Haushalte voraus. [27]

---

[25] Leitfaden zur Heimvernetzung – S. 23

[26] Leitfaden zur Heimvernetzung – S. 24

[27] Christian Kulick: Eine Million Smart Homes bis 2020

Dementsprechend ist eine Vernetzung von Geräten nicht aufzuhalten und sorgt somit für ein Datenrisiko für alle Nutzer. Die Ausspähung der Daten könnte aber durch Optimierung der Sicherheitsstandards z.B. gegen Hacker Angriffe reduziert und verringert werden.

Literaturverzeichnis

Christian Kulick (2014): Eine Million Smart Homes bis 2020. Hg. v. BITKOM. Online verfügbar unter https://www.bitkom.org/Presse/Presseinformation/Eine-Million-Smart-Homes-bis-2020.html, zuletzt geprüft am 10.01.2017.

Deutsches CleanTech Institut (2015): GreenGuide- Smart Home 2015. Hg. v. Katrin Schirrmacher, Stefan Hausmann, Tobias Arns. Online verfügbar unter http://www.dcti.de/publikationen/dcti-green-guides.html, zuletzt geprüft am 10.09.2017.

emterra (Hg.): DIE DIGITALE TRANSFORMATION GESTALTEN. Internet der Dinge. Online verfügbar unter http://www.lerncockpit.de/digitale-transformation.html, zuletzt geprüft am 20.10.2017.

H.-J. Weiman: Internet der Dinge: Schöne neue Welt - Gefangen im Netz? Online verfügbar unter https://www.uni-frankfurt.de/44732794/Vortrag-Internet-der-Dinge-Weimann.pdf, zuletzt geprüft am 10.08.2017.

itwissen.info (Hg.): Internet der Dinge. Online verfügbar unter http://www.itwissen.info/Internet-of-things-IoT-Internet-der-Dinge.html, zuletzt geprüft am 12.12.2017.

KUSBER, R. (2007): Künstliche Immunsysteme. Ein Experiment zur Beleuchtungsteuerung im intelligenten Haus. Saarbrücken: Dr. Müller.

Landeskriminalamt Nordrhein Westfalen (Hg.) (2014): Smart Home und Connected Home Empfehlungen zur Sicherung digitaler Haustechnik. Online verfügbar unter https://lka.polizei.nrw/sites/default/files/2017-10/2014-11-13%20LKA%20NRW_Prospekt%20SmartHome%20f%C3%BCr%20B%C3%BCrger.pdf, zuletzt geprüft am 23.12.2017.

Prof. Dr. Oliver Bendel: Smart Home. Online verfügbar unter http://wirtschaftslexikon.gabler.de/Archiv/-2046533094/smart-home-v3.html, zuletzt geprüft am 14.11.2017.

Prof. Dr. Ronald Glasberg (2011): Leitfaden zur Heimvernetzung. Hg. v. BITKOM. Online verfügbar unter https://www.bitkom.org/noindex/Publikationen/2011/Leitfaden/Leitfaden-zur-Heimvernetzung-Band-2/Leitfaden-zur-Heimvernetzung-Band-2-2011.pdf, zuletzt geprüft am 02.01.2017.

Thomas Reuter (2013): Security analysis of wireless communication standards for home automation. Online verfügbar unter https://www.sec.in.tum.de/assets/Uploads/MAThomasReuter.pdf, zuletzt geprüft am 17.11.2017.

Verbraucherzentrale (Hg.) (2017): Amazon hört zu: "Echo" jetzt auch in hiesigen Wohnzimmern. Online verfügbar unter https://www.verbraucherzentrale.de/wissen/digitale-welt/datenschutz/amazon-hoert-zu-echo-jetzt-auch-in-hiesigen-wohnzimmern-13149, zuletzt geprüft am 24.10.2017.

Verivox (Hg.): Sicherheit zu Hause. Online verfügbar unter https://www.verivox.de/smarthome/sicherheit/, zuletzt geprüft am 12.12.2017.

Abbildungsverzeichnis

Abb. 1: Internet of things Mimi Potter – Fotolia.com

Abb. 2: Modellierung des Connected-Home Ansatzes: BITKOM – Studienreihe zur Heimvernetzung